4° V
36
(1547)

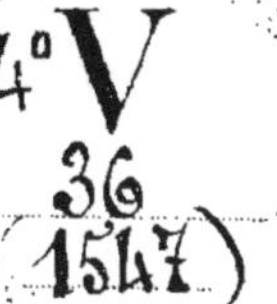

AF401392

ESTAMPES

PAR

EDGAR DEGAS

ESTAMPES

PAR

EDGAR DEGAS

22 et 23 Novembre 1918

4° V 36

1947

CONDITIONS DE LA VENTE

Elle se fera au comptant.

Les Acquéreurs paieront *dix pour cent* en sus des Enchères.

Il sera permis de reproduire les Estampes de la présente Vente sous la réserve formelle que ce ne sera pas par un procédé analogue à celui employé par l'auteur et que deux épreuves seront déposées au *Cabinet des Estampes de Paris*.

ORDRE DES VACATIONS

Le Vendredi 22 Novembre 1918

EAUX-FORTS. — LITHOGRAPHIES....... Nᵒˢ 1 à 178

Le Samedi 23 Novembre 1918

MONOTYPES.......................... Nᵒˢ 179 à 317

LE PRÉSENT CATALOGUE SE DISTRIBUE CHEZ :

Mᵉ F. LAIR-DUBREUIL, Commissaire-Priseur, Rue Favart, nᵒ 6.

Mᵉ Edmond PETIT, Commissaire-Priseur, Rue Coquillière, nᵒ 25.

M. Loys DELTEIL, Graveur et Expert, Rue des Beaux-Arts, nᵒ 2.

MM. BERNHEIM-JEUNE, Experts, Boulevard de la Madeleine, nᵒ 25.

MM. DURAND-RUEL, Experts, Rue Laffitte. nᵒ 16.

M. Ambroise VOLLARD, Expert, Rue de Grammont, Nᵒ 28.

Mʳ Henri BAUDOIN, Commissaire-Priseur, Rue Grange-Batelière, nᵒ 10.

(N° 360)

CATALOGUE

DES

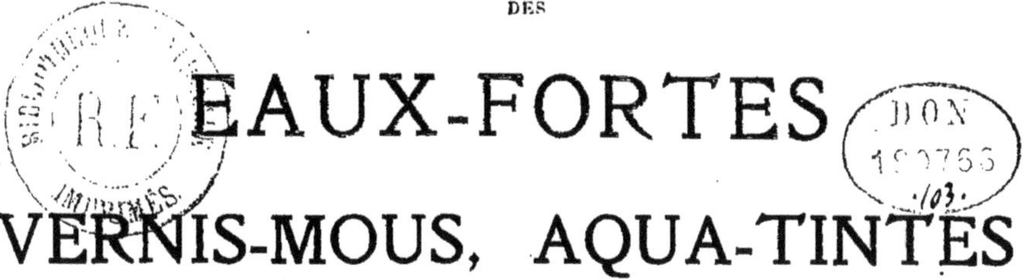

EAUX-FORTES

VERNIS-MOUS, AQUA-TINTES

LITHOGRAPHIES ET MONOTYPES

PAR

EDGAR DEGAS

et provenant de son atelier

dont la vente aux enchères publiques, après décès de l'artiste, aura lieu

à Paris, GALERIE MANZI-JOYANT

Rue de la Ville-l'Évêque, N° 15

Les Vendredi 22 et Samedi 23 Novembre 1918, à deux heures

COMMISSAIRES-PRISEURS

Mᵉ Ch. DUBOURG, suppléant	Mᵉ DELVIGNE, suppléant
Mᵉ F. LAIR-DUBREUIL	Mᵉ Edmond PETIT
Rue Favart, n° 6 (mobilisé)	Rue Coquillière, n° 25 (mobilisé)

EXPERTS

Mᵉ Loys DELTEIL, Rue des Beaux-Arts, n° 2

MM. BERNHEIM-JEUNE	MM. DURAND-RUEL	M. Ambroise VOLLARD
Boul. de la Madeleine, n° 25	Rue Laffitte, n° 16	Rue de Grammont, n° 28

EXPOSITION PUBLIQUE

GALERIE MANZI-JOYANT

Le Jeudi 21 Novembre 1918, de 2 à 6 heures

OEUVRE
GRAVÉ ET LITHOGRAPHIÉ

DE

EDGAR DEGAS

BIBLIOTHÈQUE NATIONALE R.F. IMPRIMÉS

PREMIÈRE PARTIE

EAUX-FORTES — VERNIS MOUS

AQUA-TINTES

BIBLIOTHÈQUE NATIONALE R. F. IMPRIMÉS

I. — Degas (Edgar), par Marcellin Desboutin et de Nittis.

Deux portraits, en double exemplaire.

---

1. Degas (Edgar), par lui-même?

Daté : 8 Nov. 57. Premier état, à l'eau-forte pure.

Haut. 115; larg. 94.

2. La même estampe.

Deuxième état, avec l'addition d'un grain d'aqua-tinte.

3. Degas (Edgar), par lui-même, 1858.

Troisième état.

Haut. (cuivre) 230; larg. 145.

3 *bis*. La même estampe.

Troisième état.

4. Dame âgée (la Mère de l'Artiste?)

Premier état, avant divers travaux dans le fond.

Haut. 103; larg. 075.

5. La même estampe, en même état.

6. La même estampe.

Epreuve du même état, *retouchée au crayon et annotée.*

7. La même estampe.

Deuxième état, avec l'addition de travaux dans le fond.

8. Tourny (Joseph).

Six épreuves et épreuve partielle.

Seront vendues séparément.

Haut. 220; larg. 155.

9. Manet (Édouard) en buste, de profil à gauche (vers 1864).

Premier état, avant le fond, et à l'habit blanc.

Haut. 120; larg. 097.

10. La même estampe.

Deuxième état, le fond et l'habit ombrés, mais avant le grain d'aqua-tinte. Epreuve tirée nature.

11. La même estampe en même état.

Epreuve retroussée. On y a joint une épreuve qui enveloppait la plaque de cuivre, soit deux pièces.

12. La même estampe.

Troisième état, avec le grain d'aqua-tinte.

Trois épreuves.

Seront vendues séparément.

13. Manet assis, tourné de trois quarts à gauche, un chapeau dans la main droite.

Premier état.

Haut. 165; larg. 112.

14. La même estampe.

Six épreuves, de la planche en partie effacée.

Ce numéro sera divisé.

15. Manet assis, tourné de trois quart à droite.

Premier état. Épreuve tirée nature.

Haut. 179; larg. 115.

16. La même estampe.

Premier état. Épreuve retroussée.

17. La même estampe, en même état et condition.

18. La même estampe.

Deuxième état, avec quelques travaux supplémentaires sur le parquet à droite, et avec un chapeau ajouté à terre, à gauche.

19. La même estampe, en même état et condition.

20. La même estampe.

Troisième état, avec des travaux ajoutés sur la partie lumineuse du chapeau, dont les contours sont plus nettement accusés.

21. La même estampe.

Quatrième état, la planche est en partie effacée.

Cinq épreuves.

22. Portrait d'Homme imberbe, de face, en buste.

Haut. 087; larg. 071.

23. La même estampe.

24. Portrait de jeune Fille, 1ʳᵉ planche.

Haut. 104; larg. 075.

25. Portrait de jeune Fille, 2ᵉ planche.

Premier état, avant le fond et avant divers travaux.

26. La même estampe, en même état.

27. La même estampe.

Deuxième état, avec le fond.

Cinq épreuves.

Ce numéro pourra être divisé.

28-29. Au Louvre : la Peinture (Miss Cassatt).

Premier état, au *petit* chambranle, et avant divers travaux sur le parquet, etc.

Deux épreuves.

Haut. 505; larg. 127.

30. La même estampe.

Deuxième état.

Deux épreuves.

31. La même estampe.

Troisième état.

32. La même estampe.

Quatrième état, avec indication d'une seconde traverse de parquet.

33. La même estampe.

Cinquième état, au *grand* chambranle, le chapeau de la femme debout est de forme différente.

Trois épreuves.

34. La même estampe.

Sixième état, avec quelques nouveaux travaux sur le plancher.

Trois épreuves.

35. La même estampe.

Septième état. L'ornementation du chambranle est différente; avec des travaux d'aquatinte sur le livre.

36. La même estampe.

Huitième et neuvième états.

Trois épreuves.

8

4

175

1

92

28-47

37. La même estampe.

Dixième état. L'ornementation du chambranle est encore différente. Avec des travaux additionnels à l'aqua-tinte sur divers points de la planche.

Deux épreuves.

38. La même estampe.

Onzième état. L'ornementation du chambranle est encore changée.

Deux épreuves.

39. La même estampe.

Douzième état. Encore avec des variantes sur le chambranle.

Deux épreuves.

40. La même estampe.

Treizième état, avec additions de travaux à l'aqua-tinte, notamment sur le parquet.

Trois épreuves.

41. La même estampe.

Quatorzième état. Le chambranle est simplifié, une forte rainure verticale ajoutée.

42-47. La même estampe.

Quinzième état. Les tailles au-dessous de la cimaise sont effacées et remplacées par un grain d'aqua-tinte.

Six épreuves.

48. Au Louvre : Musée des Antiques.

Premier état, avec les deux figures seules, une au trait.

Haut. 270; larg. 238.

49. La même estampe.

Deuxième état. Les deux figures ombrées, mais avant le fond.

50. La même estampe.

État définitif.

Cinquante-neuf épreuves dont 44 sur papier du Japon.

Ce numéro sera divisé.

51. Une Actrice.

Premier état, avant le fond et avant l'indication des bras.

Deux épreuves.

Haut. 160; larg. 120.

2

52. La même estampe.

Deuxième état, avec l'indication des bras, mais avant le fond.

53. La même estampe.

Troisième état.

Deux épreuves.

54. Loges d'Actrices.

Premier état, avant de nombreux travaux; les jambes de l'actrice dans le fond à droite, ne sont pas indiquées.

Larg. 212; haut. 160.

55. La même estampe.

Deuxième état, avant les ornements des lambris, et avant l'ombre portée au-dessus de la glace, à gauche.

56. La même estampe.

Troisième état, avec l'ombre portée, mais avant les ornements des lambris.

57. La même estampe.

Quatrième état.

Quatre épreuves.

Ce numéro pourra être divisé.

58. Sur la Scène.

Premier état, avant un grand nombre de travaux.

Larg. 127; haut. 100.

59. La même estampe.

Deuxième état, avec des travaux ajoutés à l'eau-forte et à l'aqua-tinte.

60. La même estampe.

Troisième état terminé, mais avant les biseaux, les bords du cuivre raboteux.

Deux épreuves.

Seront vendues séparément.

61. La même estampe.

Quatrième état, les bords du cuivre sont nettoyés.

62. La même estampe.

Cinquième état, les bords du cuivre sont biseautés.

63. La même estampe, en même état.

64. Sur la Scéne, variante.

Premier état.   Larg. 160 ; haut. 119.

65. La même estampe, en même état.

66. La même estampe.

Deuxième état, avec des travaux ajoutés sur la robe d'une des danseuses.

67. La même estampe.

Cinq épreuves d'essai et maculatures.

68. Aux Ambassadeurs.

Premier état, avec une seule figure. On y a joint une épreuve maculature.

                                          Larg. 295 ; haut. 267.

69. La même estampe.

Deuxième état, avec l'addition d'une seconde figure, la planche amenée à l'effet. On y a joint une épreuve de la planche à demi effacée, ainsi qu'une épreuve-maculature.

70. Danseuses dans la coulisse.

Premier état, avant divers travaux, avec *trois* danseuses.

                                          Haut. 140 : larg. 105.

71. La même estampe.

Deuxième état, avec l'addition de travaux à l'aqua-tinte.

72. La même estampe.

Troisième état, avec l'indication d'une *quatrième* danseuse.

73. La même estampe.

Quatrième état, avec l'indication d'une *cinquième* danseuse.

Quatre épreuves.

74. La même estampe.

Cinquième état.

Deux épreuves.

75. La même estampe.

Sixième état.

76. La même estampe.

Septième état.

77-80. La même estampe.

Huitième état.

Huit épreuves.

Seront divisées.

81-83. Deux Danseuses dans la coulisse.

Trois épreuves.   Haut. 114; larg. 101.

84. Les deux Danseuses.

Six épreuves.

Seront divisées.

Haut. 158; larg. 117.

85. Dans la coulisse.

Haut. 117; larg. 100.

86. Derrière le rideau de fer.

Haut. 160; larg. 118.

87. Une Danseuse.

Larg. 158; haut. 100.

88. Profil d'Actrice.

Trois états.   Larg. 086; haut. 008.

164

Degas
Auteuil
H et C°

89. La Danseuse mettant son chausson.

Quatre épreuves.

Seront divisées.

Haut. 175; larg. 117.

90. Les Blanchisseuses.

Premier état, épreuve tirée nature.

Larg. 158; haut. 117.

91. La même estampe, en même état.

Épreuve retroussée.

92-92 *bis*. La même estampe.

Deuxième état, avec divers travaux, mais avant les deux taches d'aqua-tinte.

Deux épreuves.

93. La même estampe.

Troisième état, avec les deux taches d'aqua-tinte, dans le fond, à gauche.

94. La même estampe, en même état.

95. La même estampe.

Quatrième état, avec des effaçages sur et autour de la chaise, sur la femme assise, etc.

Trois épreuves.

96. Femme à sa toilette (La sortie du bain).

Série de huit états ou épreuves d'essai, avant l'indication de plantes, dans les deux vases à droite.

Larg. 127; haut. 127.

97. La même estampe.

Série de treize états ou épreuves d'essai, à la *petite* plante.

98. La même estampe.

Quinze états ou épreuves d'essai, à la *grande* plante.

99. La même estampe.

Sept épreuves, doubles des états précédents.

N. B. — Les quatre numéros ci-dessus seront divisés.

100. Le petit Cabinet de Toilette.

Premier état, avant divers travaux.

Haut. 119; larg. 080.

101. La même estampe.

Deuxième état, avec divers travaux, notamment sur le lit de repos, très accentué.

102. La même estampe.

Troisième état, avec quelques travaux à l'aqua-tinte, dans le bas, à gauche.

103. La même estampe.

Quatrième état, avec des travaux ajoutés sur le lambris du fond, les objets de toilette mieux délimités.

Quatre épreuves.

Seront vendues séparément.

104. Femme debout, au livre.

Premier état, avant les tailles verticales simulant le terrain.

Haut. 118: larg. 079.

105. La même estampe.

Deuxième état.

Sept épreuves.

Ce numéro pourra être divisé.

106. Femme à mi-corps.

Haut. 158; larg. 108

107. La même estampe.

Épreuve tirée sur papier teinté.

108. Les Amoureux. Essai au crayon électrique.

Deux épreuves.

Haut. 081: larg. 071.

109. Buste de Femme. Essai au crayon électrique.

Deux épreuves.   Haut. 082: larg. 072.

110. Pénombre.

Haut. 110; larg. 079.

111. Le Sportsman montant à cheval.

Neuf épreuves d'essai, la plupart de la planche en partie effacée.

111 *bis*. La Rade.

Deux épreuves.   Haut. 075: larg. 061.

112. L'Infante Isabelle, d'après Velasquez.

Haut. 132; larg. 118.

113. Jeune Homme assis et réfléchissant.

Copié d'après l'eau-forte de Rembrandt (n° 268 de l'œuvre).

Cinq épreuves d'essai.

Haut. 119; larg. 095.

114. Projet de Programme.

Larg. 295; haut. 255.

N. B. — Degas a également exécuté une lithographie de la même composition, qui a servi de programme pour un Banquet des Élèves du lycée de Nantes.

SECONDE PARTIE

LITHOGRAPHIES

115-128. Aux Ambassadeurs, Mlle Bécat.

Quatorze épreuves.

Seront vendues séparément.

Haut. 201; larg. 195.

129. Aux Ambassadeurs, Mlle Bécat.

Trois sujets sur la même pierre.

Haut. 293; larg. 244.

130. La même estampe.

131. La même estampe.

Épreuve légèrement tachée.

132-136. Chanteuse de Café-Concert.

Cinq épreuves du premier état.

Seront vendues séparément.

Haut. 255; larg. 194.

137. La même estampe.

Deuxième état.

48

138. Divette de Café-concert. — Ébat matinal.

Deux sujets sur la même pierre.

139. Sujet de droite de la planche précédente : Ébat matinal.

140. La Chanson du chien.

Haut. 550; larg. 250.

141. La même estampe.

142. Dans la Coulisse.

Annoté : *Auteuil H. et Cie* (Haviland). Épreuve sur chine.

Haut. 242; larg. 175.

143. La même estampe, en même condition.

144. La même estampe.

Épreuve d'essuyage.

145. Loge d'avant-scène (Femme à l'éventail).

Haut. 254; larg. 201.

146. Au Cirque. — Femme nue à la porte de sa chambre.

Deux sujets sur la même pierre. Épreuve sur chine.

Larg. (des deux sujets) 270; haut 160.

147. La même pièce, en même condition.

148. Les trois Danseuses nues mettant leurs chaussons.

Épreuve rehaussée de crayon et de pastel.

Larg. 268. haut. 195.

149. Le Lever, 1re planche.

Premier état, avant de nombreux travaux au grattoir et avant divers changements.

Haut. 190; larg. 149.

4

150. La même estampe, en même état.

151. La même estampe, en même état.

On y a joint une seconde épreuve-maculature.

152. La même estampe.

Deuxième état, avec l'addition de travaux au grattoir.

153. La même estampe.

Troisième état, avec de nouveaux travaux au grattoir et des modifications dans les contours.

154. La même estampe.

Quatrième état, avec de très nombreux effaçages, l'aspect général est devenu très blond.

155. La même estampe.

Cinquième état, avec de nombreuses modifications : le personnage est plus grand.

156. La même estampe.

Sixième état, le sujet surélevé dans le haut, le personnage encore agrandi.

157. La même estampe, en même état.

158. Le Lever, 2ᵉ planche.

Premier état, avant quelques travaux, notamment dans la chevelure et sur la chaise de repos.

Haut. 191; larg. 145.

159. La même estampe, en même état.

Épreuve sur chine fixé.

160. La même estampe.

Deuxième état. Épreuve sur Japon pelure.

161. Femme nue debout, à sa toilette, 1re planche.

Épreuve tirée en ton bistré.

Haut. 295; larg. 165.

162. Femme nue debout, à sa toilette, 2e planche

Premier état, avant divers travaux. notamment avant la chevelure *tombante.*

Haut. 375; larg. 245.

163. La même estampe.

Deuxième état, avec quelques nouveaux travaux.

164. La même estampe.

Troisième état, la chevelure est tombante, et des travaux ont été ajoutés dans le fond, puis à gauche de la chaise de repos.

165. La même estampe.

Troisième état, épreuve nature.

166. La Sortie du bain, petite planche.

Larg. 250; haut. 148.

167. La Sortie du bain, grande planche.

Premier état, au trait.

Larg. 520; haut. 180.

168. La même estampe.

Deuxième état, avec divers travaux.

169. La même estampe, en même état.

Troisième état, avec de nouveaux travaux, les contours plus accentués.

170. La même estampe, en même état.

171-173. La même estampe.

Quatrième état, avec des changements, la femme est un peu plus grande, la tête et la main de la soubrette sont différentes.

Trois épreuves.

174. La même estampe.

Cinquième état, avec de nombreux effaçages et des travaux au grattoir.

175. La Toilette — L'Homme à la pipe (M. Desboutin) — Au Café-Concert.

Trois sujets sur la même pierre.

Premier état, avant des travaux au grattoir sur le premier sujet, et avant le trait carré.

Larg. 200; haut. 175.

176. La même estampe.

Deuxième état, avec les modifications indiquées ci-dessus.

177. Quatre Têtes de Femmes.

Epreuve sur Chine fixé.   Haut. 219; larg. 185.

178. La même estampe.

Épreuve sur blanc.

156

158

16

13

115.

201

212

TROISIÈME PARTIE

MONOTYPES

ou

DESSINS A LA PRESSE

179. Les deux Amateurs.

Haut. 500; larg. 270.

180. La Loge.

Larg. 161; haut. 119.

181. Danseuses en répétition.

Larg. 290; haut. 255.

182. La même pièce.

Épreuve N° 2. *Signée.*

183. Au Théâtre.

Haut. 500; larg. 267.

184. Aux Ambassadeurs, Mlle Bécat.

Variante de la *lithographie*, sujet du haut, cataloguée sous le n° 129.

Larg. 215; haut. 150.

185. Pianiste et Chanteur.

Monotype rehaussé de couleurs.

Haut. 161; larg. 120.

186. Chœur d'opéra.

187. Au Théâtre : la Loge.

Épreuve n° 2.

Haut. 160; larg. 119.

188. Les Coulisses.

Haut. 310; larg. 274.

189. Les Coulisses.

Haut. 310; larg. 272.

190. Danseuse mettant son chausson.

Contre-épreuve de monotype.

Haut. 190: larg. 150.

191. Danseuses.

Larg. 295; haut. 264.

192. Une Danseuse.

193. Danseuse en exercice.

Deux épreuves.

Haut. 307; larg. 274.

194. Divette de Café-Concert.

Variante de la lithographie cataloguée sous le n° 158.

195. Chanteuse de Café-Concert.

Variante de la *lithographie* à triple sujet, cataloguée sous le n° 129.

196. Chanteuse de Café-Concert.

Épreuve et épreuve N° 2.

Larg. 173; haut. 686.

197. Chanteuse de Café-Concert.

Larg. 162: haut. 120.

198. Au Café-Concert.

Larg. 215; haut. 160.

199. Le Café-Concert.

Larg. 215; haut. 160.

200. Au Café-Concert.

Épreuve et épreuve-maculature.

Larg. 298; haut. 270.

201. Les Petites Cardinal, par Ludovic Halevy.

Réunion de trente-sept compositions monotypes, de trente contre-types et de onze *dessins*, fusain et crayon noir, études de personnages, conçues en vue d'une illustration de cet ouvrage, soit ensemble **soixante-dix-huit** pièces.

Huit monotypes sont *rehaussés de pastels*.

202. Omnibus de voyage.

Larg. 296; haut. 277

203. Omnibus de voyage, variante.

Larg. 296; haut. 277.

204. Une Soirée.

Haut. 215; larg. 160.

205. En Soirée.

Épreuve N° 2.

Haut. 420; larg. 201.

206. Cabinet particulier.

Larg. 215; haut. 160.

207. Le Repas.

Haut. 215; larg. 160.

208. La Table.

Haut. 160; larg. 118.

209. Une Fête.

Larg. 161 ; haut. 118.

210. L'Intime.

On y a joint une épreuve n° 2.

Larg. 161 ; haut. 118.

211. Les Repasseuses.

Larg. 146 ; haut. 241.

212. La Fête de la Patronne.

Monotype pastellisé.

Larg. 290 ; haut. 266.

213. Le Lever.

Haut. 161 ; larg. 117.

214. Le Lever (les bas).

Larg. 215 ; haut. 160.

215. Femme nue à la porte de sa chambre.

Variante de la *lithographie* cataloguée sous le n° 146.

Haut. 160 ; larg. 118.

216. Le Tub.

Larg. 211 ; haut. 160.

217. Le Bain.

Haut. 215 ; larg. 59.

218. La Sortie du bain.

Haut. 120 ; larg. 127.

219. Derniers préparatifs de toilette.

Larg. 215 ; haut. 158.

220. Scènes de maisons closes.

Réunion de **quatorze** monotypes.

96

220

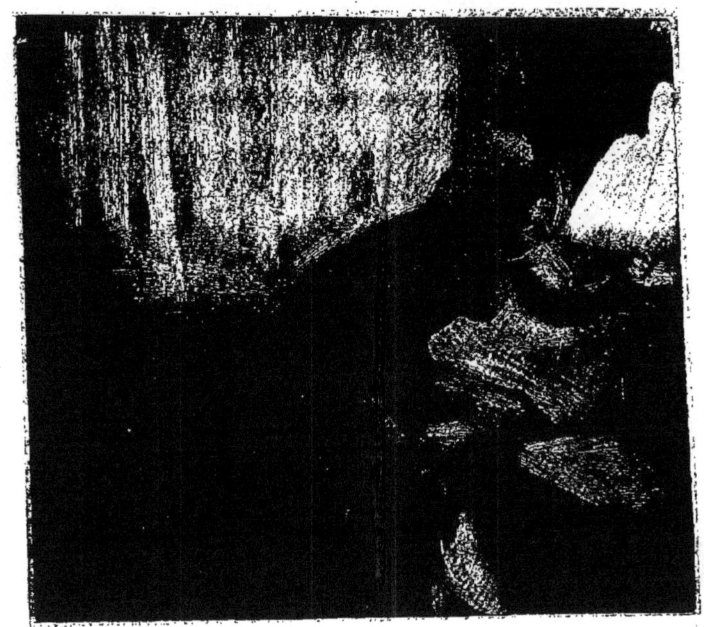

255

221

296

302

308

310

201

216

221. Scènes de maisons closes.

Réunion de **seize** monotypes.

222. Salon de maison close.

Larg. 215; haut. 162.

223. Dans le salon d'une maison close.

Haut. 213; larg. 160.

224. Un coin de salon en maison close.

Haut. 161; larg. 118.

225. La Sieste.

Larg. 215; haut. 161.

226. Les trois Filles en chemise.

Larg. 165; haut. 120.

227. Ces Dames.

Larg. 160; haut. 118.

228. Attente.

Larg. 161; haut. 120.

229. Repos sur le lit.

Monotype et contre-épreuve.

Deux pièces.

Haut. 160; larg. 119.

230. Repos sur le lit, variante.

Contre-épreuve de monotype.

Haut. 165; larg. 120.

231. Femme nue, de dos.

Haut. 184; larg. 130.

232. Femme nue, dans son cabinet de toilette.

Haut. 210; larg. 097.

233. Délassement.

Haut. 215; larg. 160.

234. Far-niente.

Larg. 217; haut. 160.

235. Bain-massage.

Haut. 215; larg. 162.

236. Devant la glace ou Repos.

Larg. 210. haut. 160.

237. Deux Femmes.

Larg. 162; haut. 118.

238. Deux Femmes.

Monotype en deux tons.

Haut. 162; larg. 118.

239. Sommeil.

Larg. 378; haut. 278.

240. Miction.

Épreuve et épreuve n° 2.

Haut. 380; larg. 278.

241. Le Lever (les bas).

Haut. 579; larg. 278.

242. Le Lever (les bas), variante.

Haut. 240; larg. 215.

243. La Toilette (le bain).

Haut. 315; larg. 276.

244. La Toilette (le bidet).

Larg. 296; haut. 275.

245. La Toilette (la cuvette).

Monotype et contre-épreuve.

Haut. 308; larg. 274.

246. La Toilette (les bras).

Haut. 315; larg. 275.

247. La Toilette (la chevelure).

Haut. 314; larg. 276.

248. La Toilette (le coin du feu).

Larg. 377; haut. 277.

249. La Toilette (lecture aprés le bain).

Monotype et épreuve n° 2.

Larg. 378; haut. 277.

250. La Lettre.

Haut. 514; larg. 276.

251. Femme se chauffant.

Larg. 379; haut. 278.

252. Le Coucher.

Larg. 440; haut. 227.

253. Le Coucher.

Haut. 580; larg. 278.

254. Le Coucher.

Haut. 578; larg. 277.

255. La Lampe éteinte.

Larg. 510; haut. 274.

256. Aprés l'orgie.

Larg. 415; haut. 200.

257. Repos.

Épreuve recto et verso.

Haut. 578; larg. 277.

258. Femme nue, assise.

Larg. 572; haut. 27 .

259. La Boucle d'oreilles.

Haut. 160; larg. 120.

260. Femme nue, de dos, dans sa chambre.

Larg. 215; haut. 160.

261. Le Bidet.

Épreuve n° 2.

Haut. 165; larg. 120.

262. Devant la lampe.

Larg. 200; haut. 158.

263. La Puce.

Haut. 215; larg. 160.

264. Femme aux ciseaux.

Haut. 216; larg. 160.

265. Indiscrétion.

Épreuve et contre-épreuve.

Larg. 160; haut. 118.

266. Les Marlous.

Épreuve et épreuve n° 2.

Larg. 172; haut. 115.

267. Un Monsieur et une Dame.

Épreuve et épreuve n° 2.

Larg. 082; haut. 075

268. Portrait d'Homme, en buste, de 3/4 à gauche.

Haut. 082; larg. 072.

269. Portrait d'Homme, en buste, de 3/4 à droite.

Épreuve et épreuve n° 2.

Haut. 082; larg. 072.

270. L'Homme à la pipe (Marcellin Desboutin).

Haut. 081; larg. 071.

271. Buste d'Homme à moustaches, de profil à droite.

Épreuve et épreuve n° 2.

Haut. 082; larg. 072.

201

272. Un Bellâtre.

Épreuve et épreuve n° 2.   Haut. 082; larg. 072.

273. Buste de Chanteuse, de profil à droite.

Épreuve et épreuve n° 2.   Haut. 082; larg. 072.

274. Buste de Chanteuse, au bras levé.

Épreuve et épreuve n° 2.   Haut. 082; larg. 072.

275. Chanteuse.

                         Haut. 185; larg. 188.

276. Chanteuse de café-concert s'inclinant.

Monotype en deux tons.   Haut. 082; larg. 072.

277. Chanteuse de café-concert, légèrement rejetée en arrière.

                         Haut. 082; larg. 072.

278. Femme au chapeau, en buste, de face.

Épreuve rehaussée de pastels.   Haut. 085; larg. 070.

279. Femme à la toque.

Monotype rehaussé.   Haut. 180; larg. 122.

280. Buste de jeune Femme.

                         Haut. 215; larg. 160.

281. Buste de Femme, de profil perdu.

                         Haut. 081; larg. 071.

282. Profil de jeune Femme.

Épreuve n° 2.   Haut. 186; larg. 150.

283. Buste de Chanteuse, un ruban autour du cou.

                         Haut. 081; larg. 072.

284. Buste de Femme, de profil, à droite.

Haut. 073; larg. 081.

285. Buste de Femme, de profil, à gauche.

Haut. 081; larg. 072.

286. Buste de Femme, de profil à droite, ruban au cou.

Épreuve et deux épreuves-maculatures.   Haut. 081; larg. 072.

287. Femme à la cigarette.

Épreuve et épreuve n° 2.   Haut. 081; larg. 072.

288. Buste de Femme : une bonne.

Épreuve et double épreuve n° 2.   Haut. 082; larg. 072.

289. Bustes de Femmes.

Deux pièces.   Haut. 082; larg. 072.
Larg. 082; haut. 072.

290. Buste de Femme, de profil à droite, en chapeau.

Haut. 082; haut. 072.

291. Bustes de Femmes.

Trois pièces.

292. Femme au manteau de fourrure.

Haut. 125: larg. 072.

293. Liseuse.

Larg. 215; haut. 160.

294. L'Avenue.

Larg. 163; Haut. 119.

295. Dans la Rue.

Haut 101; larg. 119.

296. La Famille en promenade.

Larg. 213; haut. 158.

297. Partie de Campagne.

Larg. 214; haut. 158.

298. Promenade à la Campagne.

Larg. 214; haut. 1C0.

299. Repos dans les champs.

Haut. 208; larg. 160.

300. Au Bord de la Mer.

Larg. 165; haut. 119.

301. Les Baigneuses.

Larg. 162; haut. 119.

302. Le Jockey.

Épreuve et épreuve n° 2

Larg. 160; haut. 117.

303. L'Automobile.

Larg. 161; haut. 118.

304. Illuminations.

Monotype en deux tons.

Haut. 162; larg. 119.

305. La Vallée.

Larg. 160; haut. 119.

306. Le Vallon.

Larg. 160; haut. 119.

307. La Rivière.

Larg. 175; haut. 089.

308. Le Chemin montant.

Larg. 161; haut. 118.

309. La Route.

Larg. 161; haut. 119.

310. Lever de lune.

Larg. 161; haut. 119.

311. Les Saules.

Larg. 161; haut. 119.

312. La Piéce d'eau.

Larg. 242; haut. 160.

313. Au pied d'un arbre.

Monotype avec léger rehaut de couleur.

Haut 210; larg. 160.

314. Fantaisie.

Épreuve, avec l'annotation : *vignette n° 6, sur celluloïd.*

Haut. 175; larg. 087.

315. Fantaisie.

Épreuve avec l'annotation : *sur celluloïd.*

Haut. 172; larg. 087.

316. Fumées d'usines. — Les deux Arbres.

Deux monotypes.

Larg. 160; haut. 119.
Haut. 081: larg. 072.

317. Sous ce numéro, sept piéces monotypes, etc.

169-173

54-56

www.ingramcontent.com/pod-product-compliance
Ingram Content Group UK Ltd.
Pitfield, Milton Keynes, MK11 3LW, UK
UKHW020944120726
13693UKWH00004B/1527